AF479406

DE LA NÉCESSITÉ

D'UNE

PRESSE GOUVERNEMENTALE

ET

DES MOYENS DE L'ORGANISER LIBREMENT POUR LA DÉFENSE DE L'ORDRE SOCIAL
DES INSTITUTIONS ET DE LA POLITIQUE IMPÉRIALES.

MÉMOIRE

SUIVI DE QUELQUES CONSIDÉRATIONS SUR LA SITUATION ACTUELLE DE LA
PRESSE GOUVERNEMENTALE A PARIS ET EN PROVINCE.

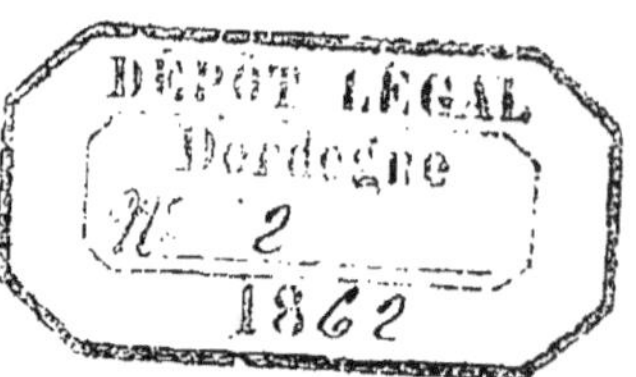

PÉRIGUEUX

IMPRIMERIE D'AUGUSTE BOUCHARIE, RUE AUBERGERIE, 17.

1862

DE LA NÉCESSITÉ

D'UNE

PRESSE GOUVERNEMENTALE

ET

DES MOYENS DE L'ORGANISER LIBREMENT POUR LA DÉFENSE DE L'ORDRE SOCIAL,
DES INSTITUTIONS ET DE LA POLITIQUE IMPÉRIALES.

Dans son rapport lu au Sénat, sur le projet de sénatus-consulte soumis récemment aux délibérations de ce grand corps de l'Etat, Son Exc. M. Troplong, rappelant une parole de M. Dupin, qui avait dit, dans une autre circonstance, que la guerre aux finances était un auxiliaire de la guerre aux institutions, ajoutait ce mot aussi loyal que sensé : « Cette guerre est peut-être commencée ; ren-» dons-la vaine par la franchise et la publicité. »

Cette pensée si vraie et qui me semble répondre si bien à cette rare autant qu'honorable situation d'un gouvernement qui a tout à gagner à en appeler au bon sens et à la raison publics, a inspiré ce travail.

On a dit, sous la royauté constitutionnelle, que la Presse était un quatrième pouvoir. Sans doute, cela signifiait qu'étant l'expression de l'opinion publique, et l'opinion jouant un grand rôle dans le gouvernement des sociétés modernes, la Presse exerçait une influence directe sur les destinées du pays.

Tout n'est pas vrai dans cette assertion. Il manquait, en effet, alors, à la Presse, ce qui est nécessaire à tout pouvoir, ce qui est de l'essence de toute autorité bien constituée, savamment établie en vue d'un but déterminé, il lui manquait une organisation.

Dépourvue d'organisation, la Presse, abandonnée à la seule inspiration des partis ou de ses intérêts, loin d'être alors un pouvoir, n'exerçait sur le pays qu'une influence très restreinte, ou plutôt, pour dire l'exacte vérité, elle n'exerçait aucune influence et elle les subissait toutes : Nulle vue d'ensemble ; pas de principes. Parmi les journaux de ce temps, les uns soutenaient le pouvoir parce qu'il était le pouvoir ; les autres appartenaient à l'opposition, parce qu'elle était l'opposition. Mais les principes de vérité et de justice, mais le bon sens, mais les convictions, mais un amour vrai, réfléchi, du pouvoir ou de la liberté, mais des idées bien mûries, bien arrêtées, sur les droits des gouvernants et des gouvernés, vainement on leur eût demandé tout cela. Quiconque a vécu dans ces luttes, au milieu de ces compétitions d'ambitions et d'égoïsmes effrénés, le sait bien.

La Presse n'était donc pas alors un quatrième pouvoir.

Elle ne l'était pas ; disons plus : elle ne devait ni ne pouvait l'être.

Qu'est-ce, en effet, qu'un pouvoir, en dehors du pouvoir proprement dit, un pouvoir ayant une initiative propre, en dehors du pouvoir constitué ?

Qui dit pouvoir, dit, non pas assujettissement, mais direction imprimée, suivant un plan arrêté et dans des vues déterminées. Or, rien de cela n'existait alors dans la constitution de la Presse, dans ses relations avec l'autorité, dans les rapports de l'autorité avec elle ; elle ne se rattachait au mécanisme constitutionnel par aucun système d'organisation.

Dans des conditions pareilles, supposer que la Presse était un quatrième pouvoir, serait admettre une chose impossible, une sorte d'anarchie constituée ; sans doute, il y avait, entre le gouvernement et l'opinion, bien des tiraillements occasionnés par la Presse ; mais ces tiraillements étaient un ordre relatif, si l'on songe à ce qu'eussent été les désordres nés de l'existence d'un quatrième pouvoir, parallèle aux pouvoirs constitutionnellement organisés.

Pas plus qu'elle ne l'était alors, la Presse, aujourd'hui, ne saurait être un pouvoir. L'intérêt de la société, l'intérêt de l'autorité, l'intérêt de la Presse elle-même s'y opposent.

L'intérêt de la société. — Nous venons de démontrer que ce pouvoir serait une cause permanente d'anarchie.

L'intérêt de l'autorité. — Pour qu'elle soit forte et respectée, ne faut-il pas qu'elle soit certaine d'être obéie ? Mais, pour qu'elle soit certaine d'être obéie, il faut d'abord que la désobéissance ne soit pas possible ; il faut ensuite que même la tentation de désobéir ne puisse pas se produire. Or, peut-on espérer cela d'un quatrième pouvoir ?

L'intérêt de la Presse. — Parce que ce serait aller contre sa mission, qui est d'éclairer, de vulgariser les saines notions en politique, en économie politique, dans les sciences, les arts, la littérature, l'industrie, le commerce, or, pour une institution, aller à l'encontre de sa mission ; c'est se condamner d'avance à l'inertie, c'est marcher à sa propre ruine, de même que tout être qui n'obéit pas aux lois qui lui sont propres, aux règles qui lui sont imposées, en prévision d'un but providentiel, est, d'avance et fatalement, voué à l'anéantissement par une sorte de suicide.

La Presse ne saurait donc être un quatrième pouvoir ; elle ne saurait l'être, surtout, pour un gouvernement issu du suffrage universel, qui tient compte, non des caprices, mais des sérieuses volontés, mais des saines aspirations de l'opinion.

Mais, si elle ne doit ni ne peut être un quatrième pouvoir, elle peut être *un puissant moyen de gouvernement.* Non pas, qu'on me comprenne bien, qu'il faille la subjuguer, la discipliner, en faisant appel aux mauvais instincts d'ambition ou de cupidité auxquels le cœur humain n'est que trop accessible ; mais il serait facile de l'associer plus intimement au jeu des institutions impériales, de la faire concourir, en quelque sorte, à l'administration de la chose publique, à l'étude et à la satisfaction des grands intérêts sociaux.

Ce doit être, suivant moi, facile à un gouvernement qui n'a en vue que le plus grand bien de tous, que préoccupent seuls les intérêts généraux du pays.

Sans doute, il suffit au pouvoir, aux diverses autorités constituées, chef de l'Etat, ministres, préfets, de se mouvoir dans leur sphère pour remplir constitutionnellement leur mandat, pour faire tout le bien strictement nécessaire, pour assurer la marche du mécanisme gouvernemental et administratif ; mais l'action du pouvoir, en un temps où l'opinion joue un grand rôle dans la gestion des affaires politiques, doit-elle se borner à cette sorte de mécanique administrative ? Je ne le pense pas. Il ne suffit plus d'avoir sous sa direction des fonctionnaires, des employés auxquels des ordres sont donnés, ordres ponctuellement et promptement exécutés ; il faut gouverner l'opinion par l'opinion, gouverner pour elle et avec elle, l'écouter, la consulter, la diriger, au besoin la former, administrer, gouverner avec le bon sens public, puisque c'est lui qui, en définitive, par les élections communales, départementales, législatives, juge, sanctionne, condamne ou approuve la politique générale, ou l'action administrative des autorités placées plus près des populations, et relevant plus ou moins directement du pouvoir central.

Jamais mission d'un gouvernement fut-elle plus morale, plus noble, plus grande, plus utile ? Il y a plus, jamais plus impérieuse nécessité s'imposa-t-elle à un pouvoir ? Je ne le pense pas. Si donc cette mission est morale et utile, si donc elle est nécessaire, il faut qu'elle soit remplie. Les grands intérêts de civilisation et de progrès, comme aussi d'autorité dont la France a confié la garde au gouvernement impérial me semblent l'exiger.

Mais, pour cela, que faut-il ?

Une Presse sérieuse, honnête, intelligente, instruite, à la hauteur de cette grande et honorable mission ; un personnel de rédacteurs, gens de bien et de savoir, pénétrés des devoirs de prudence, de modération, de réserve que commande leur position, capables d'acquérir et d'exercer une influence, une autorité morales, qualité de l'orateur, mais aussi, et surtout, qualité essentielle de l'écrivain appelé à éclairer, à conseiller, à répandre la lumière de la vérité et de la raison, à vivre au grand jour, dans la familiarité des esprits les plus élevés, les plus distingués dans l'administration, le clergé, l'armée, l'université, etc. ; car si la Presse est lue des classes ignorantes, elle est surtout recherchée par les gens instruits, éclairés, les sommités sociales, pour lesquelles, encore plus que pour la foule, elle est un besoin.

Mais cette Presse sérieuse, prudente, honnête, morale, comment la former ? Par une organisation propre.

Pourquoi reculerait-on devant les moyens honnêtes d'atteindre un but honnête ?

Le but honnête, le but éminemment social des gouvernements modernes, le voici : Faire sortir de toutes les forces dispersées dans la multitude des intelligences, la plus grande somme de bien possible ; former une opinion publique capable de bien comprendre les intentions du pouvoir, en parfaite communion d'idées avec lui et sur laquelle le pouvoir puisse s'appuyer pour résister à cette guerre sourde que font à tout gouvernement national, les préjugés, les vices d'éducation, les passions mauvaises, l'ignorance.

Le moyen d'atteindre ce but, c'est d'organiser une Presse honorable, dévouée, active, qui serait, vis-à-vis du pays, comme la parole du gouvernement, par conséquent assez prudente pour ne jamais violenter sa responsabilité ou compromettre son initiative. Ce serait une armée intelligente qui exercerait dans l'ordre politique et moral, le rôle que jouent le clergé dans l'ordre religieux, l'université dans l'enseignement, la magistrature, dans l'application du droit, l'armée dans l'ordre des faits matériels.

Quoi de plus honnête, quoi de plus moral, quoi de plus licite ?

De quel droit empêcherait-on un gouvernement de vouloir se défendre par la seule influence de la raison, de la vérité, du bon sens, par le rayonnement des saines doctrines, des idées grandes, généreuses ou utiles ?

De quel droit s'opposerait-on à ce que le gouvernement fît appel au libre dévouement d'esprits sérieux et droits, d'intelligences d'élite ?

Quel plus légitime exercice de l'autorité ?

Mais comment arriver à cette organisation de la **Presse** ? Comment la concilier avec ce caractère d'entreprise privée, essentiellement libre, en tant qu'affaire industrielle, qui est celui de toute exploitation de journal en France ?

Je ne crois pas que la difficulté soit très-grande ; elle ne l'est pas, dans tous les cas, autant qu'elle le paraît.

Et d'abord, il serait inutile de rien changer à la législation actuelle qui resterait ce qu'elle est.

Le caractère essentiellement privé de toute exploitation de journal serait respecté ; seulement les liens de bienveillance réciproque entre l'administration et les éditeurs de journaux seraient resserrés.

En fait, il n'est pas un chef-lieu de département qui n'ait un ou deux journaux auxquels, par arrêté préfectoral approuvé par le ministre de l'Intérieur, sont attribuées les annonces judiciaires.

C'est, d'un côté, un acte souverain d'autorité qui est, en même temps, un acte de bienveillance et qui doit nécessairement provoquer, de l'autre, des sentiments de reconnaissance, entraînant une obligation morale à laquelle l'éditeur du journal est toujours libre de se soustraire en repoussant *un immense* bienfait. S'il l'accepte, des liens affectueux, des rapports de bienveillance mutuelle doivent aussitôt s'établir entre l'autorité et lui.

Et quelle meilleure preuve peut en donner l'éditeur d'un journal qu'en acceptant la désignation que l'administration ferait du rédacteur.

L'obligation d'obtenir l'autorisation du ministre de l'Inttérieur, lorsqu'il s'agit du choix d'un rédacteur, semble, d'ailleurs, un moyen indirect d'arriver à un accord qu'il sera toujours facile d'obtenir par les voies amiables. Tout se ferait administrativement et par la seule force des choses. Et, du reste, quelle raison aurait l'éditeur du journal de repousser l'offre de l'administration ? Celle-ci n'est-elle pas intéressée à ne choisir que des hommes instruits, intelligents, moraux, capables ? Dans tous les cas, si l'inconvénient de tel ou tel choix était démontré, on pourra y remédier d'un commun accord, l'intérêt étant identiquement le même pour l'administration et l'éditeur du journal.

Donc, il sera toujours facile au ministre de l'Intérieur de confier à tel rédacteur la rédaction de tel journal.

Quant au traitement, auquel l'Etat, dans tous les cas, resterait étranger, il serait gradué selon la classe de la rédaction qui, elle-même, serait déterminée en raison de l'importance des chefs-lieux, combinée avec celle du département, comme population, et le produit moyen des annonces judiciaires.

L'administration possède, en ce moment, tous les renseignements nécessaires pour arriver à une connaissance parfaite du personnel de la presse française et à une exacte et juste répartition de ces diverses classes de rédaction. Bien entendu, le traitement, déterminé de la sorte, ne serait qu'un *minimum* que les éditeurs de journaux seraient toujours libres de dépasser, s'ils désiraient s'adjoindre, d'accord avec l'administration, qui n'aura jamais de raisons de s'y opposer, des rédacteurs plus particulièrement à leur convenance, soit par leur talent, soit par leur expérience, soit par les garanties de moralité qu'ils paraîtront leur offrir.

Il pourrait y avoir trois classes de rédaction.

L'administration veillerait à ce que l'avancement eut lieu, en raison de la capacité, des services rendus, de ceux qu'on pourrait attendre.

Le stimulant de l'émulation, la certitude de voir leur travail, leurs services récompensés, redoubleront le zèle de ces soldats de la pensée, de ces volontaires de l'intelligence, librement enrôlés pour la défense.de l'ordre social, des lois, de l'autorité, des droits de tous et du gouvernement impérial qui en est le premier gardien, contre les attaques souterraines ou audacieuses des mauvaises passions, ou contre les sophismes et les mensonges des partis.

Reste le choix du personnel.

A cet égard, l'administration s'imposerait telles règles qu'elle jugerait bonnes. Nécessairement, elle choisirait les plus capables, les plus instruits, les plus recommandables par leurs talents, leur situation personnelle, leur tenue, leur moralité ; quels meilleurs guides pourrait-elle avoir que MM. les préfets ?

Parmi les garanties qu'elle pourra réclamer, sans que son choix puisse jamais en être gêné, figureront naturellement celles exigées de tout citoyen qui veut embrasser une carrière, une profession à laquelle se rattachent d'importants intérêts civils ou publics : des grades universitaires, par exemple, des travaux antérieurs, des publications littéraires, scientifiques, d'économie politique, etc.

Cette organisation constituerait une belle et vaste pépinière d'intelligences d'élite, en dehors de laquelle la presse d'opposition ne pourra que difficilement se recruter ou ne se recrutera que dans des conditions d'infériorité notoires.

Le séjour de la province, du reste, est bien plus propre

qu'on ne le croit communément à former le journaliste laborieux et doué, du reste, de quelque talent.

En province, en effet, il n'y a pas de rédacteur en sous-ordre; un seul rédacteur suffit à tout : à la rédaction du bulletin, des articles de fonds sur la politique générale, à celle des articles d'intérêts locaux, à la chronique locale, au choix des nouvelles, à la rédaction des articles de littérature, des revues de théâtre, etc. Il est en relations avec la préfecture, l'évêché, la division ou la subdivision militaire, les chefs des divers services publics, l'administration municipale; il vit au milieu de ce choc incessant d'influences de clocher, de coteries, d'animosités toujours vivaces, au milieu de passions plus enracinées que celles du lecteur parisien, beaucoup plus accessible aux compromis, plus disposé aux concessions, parce qu'il est plus éclairé et qu'il vit dans le frottement de plus d'intelligences distinguées, de plus de caractères divers.

J'ai connu un journaliste qui, ayant publié quelques articles fort modérés sur le pouvoir temporel, s'est vu qualifier de voltairien par une portion de ses abonnés, de capucin par d'autres. L'immobilité dans une opinion, sans concession, sans tempérament, sans égard aux temps, aux lieux, aux hommes, tel est, en province, le *nec plus ultrâ* de la science politique.

Je ne parle pas de ce conflit perpétuel entre le consommateur qui, prétendant toujours que les récoltes sont abondantes, se désabonne si on lui dit le contraire, et le propriétaire-producteur qui entend que son journal annonce toujours que toutes les vignes ont gelé ou coulé parce que les siennes ont été atteintes, ou que la récolte en blé est partout en déficit parce que la sienne laisse à désirer.

Ce sont là les petites misères de la profession. Mais, en dehors d'elles, il reste assez de difficultés sérieuses pour que les intelligences bien trempées se fortifient en y résistant, et que les faibles s'y brisent.

En dehors de ses occupations habituelles, le journaliste de province consacre la moitié de son temps à un travail, souvent très délicat, de correspondance, sur des questions qui ne pourraient, sans de grands inconvénients, trouver place dans son journal.

En province, le lecteur, qui a une opinion, se fait un point d'honneur de n'en changer jamais, dût-elle être cent fois convaincue d'exagération ou d'erreur. C'est un vieux meuble de famille, que se transmettent les générations, et qui sert aux descendants par la seule raison qu'il a servi aux aïeux ; on ne se demande pas s'il est en bon état, commode, utile. Non ! il a servi aux ancêtres : cela dit tout, cela répond à tout. Un sentimentalisme honnête, mêlé de passions vives et irritables, voilà ce qui constitue l'opinion publique en province. La vanité y joue souvent un grand rôle dans le choix de l'opinion. Tout bourgeois, enrichi par le négoce, qui achète un château, se croit de vieille souche noble, et est convaincu que ses ancêtres montaient dans les carrosses du roi. Aucun véritable noble n'est plus fier qu'il ne l'est de son importance imaginaire. Il est vrai que, jusqu'alors, il se vantait de n'avoir pas d'aïeux, d'être fils de ses œuvres. Tout est bien changé ! Mais il n'est pas seul coupable de ce ridicule. Les préjugés de la foule qui rattache invariablement l'idée de noblesse à vieille lignée, à celle de richesse, l'esprit public, qui ne sait que se révolter par envie ou se ravaler par des complaisances de servilité, ont aidé à cette métamorphose, trop fréquente pour qu'elle ne soit pas considérée, à juste titre, comme un des traits de mœurs des petites villes de province. L'opinion, enfin, ne s'y raisonne pas; rarement on se l'est formée. On l'a reçue, on la garde.

C'est le résultat de l'isolement où chacun vit. Le mélange des classes ne s'est encore fait, en province, ni au fond, ni à la surface. Dans beaucoup de villes il y a le cercle des nobles, le cercle des bourgeois, désignés d'un nom ou d'un autre, mais parfaitement connus comme ne recevant, l'un que des membres de l'ancienne aristocratie, quelques-uns de la nouvelle par pure tolérance; l'autre des négociants et des petits rentiers, des avocats, des juges, etc. Ce n'est pas de l'orgueil, ce n'est pas un vieux reste de privilé-ges, c'est dans les mœurs, c'est de tradition, et la bourgeoisie elle-même, le peuple, tout antipathiques qu'ils sont à ces distinctions, sont les premiers à les établir, à les consa-crer dans leur langage.

Sur ce champ de bataille perpétuel qui se nomme la Presse de province, le journaliste vieillit vite; il acquiert une parfaite connaissance des hommes; le silence et le recueillement favorisent ses travaux; son esprit s'affermit dans les luttes que chaque jour amène. En relations habi-tuelles avec l'agent le plus direct de l'autorité exécutive, il apprend à bonne école la pratique et la langue des affaires, les besoins des divers services publics; il sait toute la valeur de l'opportunité et de la prudence, de la réserve, de la discrétion, de la modération ou de l'éner-gie, selon le moment ou les hommes; il apprend à dis-cerner l'opinion générale, si enveloppée qu'elle soit d'épais nuages, à deviner ce qu'elle attend, à pressentir ce qu'elle désire; à ne rien dire qui ne la préoccupe, à aller au-devant de ses inquiétudes pour les dissiper, en lui faisant comprendre qu'elle n'a souvent peur que d'un fantôme.

Croit-on que la Presse de Paris perdrait beaucoup à se recruter dans ce personnel expérimenté de journalistes, connaissant leur métier, qui y ont vieilli et grandi, sous l'œil du public, des administrations et du pouvoir? Pour moi, je crois qu'elle ne pourrait qu'y gagner; aussi je ne m'explique pas que MM. les directeurs des grands journaux, hommes dont l'esprit est fécond en ressources, n'y aient pas encore songé.

Une rédaction à Paris serait la suprême ambition, le suprême honneur du journaliste de province.

Si la province est favorable au développement de certaines qualités d'esprit du journaliste, des plus précieuses peut-être, Paris achève son éducation morale.

En province, l'esprit de l'écrivain acquiert plus de force que d'étendue; l'étude, la lecture, la méditation solitaire exercent ses facultés; à Paris, il se complète en s'étendant, parce que les horizons s'y multiplient et s'y développent chaque jour devant lui. Il est à la source des grandes nouvelles, des émotions vives; il est témoin des événements; il fréquente les illustres personnages qui jouent, sur la scène politique, le rôle le plus actif; il peut s'inspirer de leurs pensées, de leur amour du pays, et des grandes choses qui font la gloire d'un règne; tout parle à son intelligence, à son cœur, à son imagination. Les facultés grandissent, au fur et à mesure que grandit et s'élève la scène sur laquelle se meuvent les hommes; notre esprit se ressent du milieu où il vit, pour se rapetisser ou s'étendre; c'est une expérience que chacun a pu faire sur soi-même ou sur autrui.

Mais cette récompense suprême de ses efforts, de son

dévouement, sera-t-il facile de l'accorder au journaliste de province?

Ce lien de bienveillance réciproque, ce bienfait accordé, d'un côté, cette condescendance, cette déférence sympathiques, de l'autre, que nous signalions à propos de la presse de province, n'existent pas pour la presse de Paris. Cela est vrai.

Mais, le rôle du journal qui, sans être officiel, ni même semi-officiel, est en relations suivies avec l'autorité, a d'immenses avantages dont les éditeurs de journaux savent admirablement tirer parti. Ils sont plus souvent et mieux renseignés; ils le sont, dans tous les cas, plus promptement et plus directement. C'est un avantage pour ces éditeurs, placés tous les jours en présence d'une population affamée de nouvelles, dans la bouche de laquelle le *Quoi de nouveau?* a quelque chose de cette fièvre que lui communique l'attente anxieuse des passions, des opinions ou des intérêts; ces relations, si fructueuses pour l'éditeur, affectueuses souvent, constituent une sorte de lien moral. Qu'en retour des bénéfices que cette situation procure à l'éditeur, le gouvernement, sans dicter de choix, s'efforce de faire triompher ses préférences et le problême sera résolu. Quelle objection pourra faire l'éditeur lorsque le gouvernement lui présentera un candidat expérimenté, capable, instruit, aux antécédents connus, aux habitudes de réserve et de prudence?

Je m'imagine qu'à moins de ne se préoccuper ni du talent, ni de l'honnêteté des candidats, et de se contenter du premier-venu, MM. les éditeurs des journaux seront enchantés d'avoir sous la main un excellent et nombreux personnel, dans lequel ils pourront puiser, pour combler les vides de leurs cadres.

Dans tous les cas, si les choses ne se présentent pas ainsi, s'il doit arriver quelquefois que les préférences du gouvernement ne l'emportent pas sur des recommandations personnelles, le plus souvent l'influence de l'autorité sera assez grande et ses choix seront bien accueillis.

On le voit, je respecte la liberté du choix de l'éditeur, seul responsable de ses agents, et sur lequel ne doit s'exercer qu'une influence toute morale, de bons conseils, de recommandations, faites dans son intérêt bien entendu, mais dont évidemment, il peut ne pas tenir compte.

Grâce à cette organisation qui laisse dans toute leur intégrité les lois et décrets qui régissent la Presse, grâce à cette combinaison toute réglementaire, le pouvoir préparera la formation d'une Presse gouvernementale sérieuse, capable, d'une corporation honorable, qui sera pour lui, une force précieuse, une phalange, dont tous les soldats le serviront d'autant plus efficacement qu'ils le feront dans toute l'indépendance de leurs convictions, sans se sentir autrement liés que par une libre, affectueuse et réciproque sympathie.

Sous un gouvernement d'initiative et de progrès, ces écrivains seraient comme des pionniers intelligents, une avant-garde hardie et prudente, chargée de préparer les voies aux améliorations, et de prédisposer l'opinion à accepter des bienfaits qu'elle repousse souvent parce qu'ils l'étonnent et qu'elle ne les comprend pas, peu habituée qu'elle est à voir des gouvernements qui se mettent *à la tête des idées de leur temps.*

Que si des liens suffisamment solides et étroits ne peuvent dans de pareilles conditions, exister entre le gouvernement et la Presse de Paris, s'il est reconnu qu'il ne puisse y avoir entre elle et le pouvoir qu'une solidarité compromettante, soit par suite de l'incapacité ou de l'impéritie des rédacteurs, soit par suite de la prépondérance que certains directeurs (et cela arrivera nécessairement), pourront donner aux intérêts de leur industrie, sur ceux exclusivement moraux du pouvoir, eh! bien que le gouvernement élève à la face du pays une tribune permanente, où la vraie liberté et les grands principes de l'autorité seraient constamment mis en lumière et défendus contre les adversaires de l'autorité, où la politique du gouvernement serait loyalement, sinon dévoilée, du moins expliquée; où les actes du pouvoir seraient interprétés avec calme, modération, à la face du pays, qui jugerait; où les sophismes des partis seraient réfutés, leurs manœuvres démasquées; où leurs efforts pour pervertir le bon sens public et s'emparer de l'opinion par des surprises, seraient déjoués, de telle façon qu'ils se retourneraient contre leurs propres auteurs, pris en flagrant délit de mauvaise foi ou d'ignorance.

Pourquoi le gouvernement, qui se défend, c'est-à-dire qui défend l'ordre public, par l'armée, ne se défendrait-il pas, dans l'ordre moral, par la Presse? Quel journal serait plus lu, quel serait mieux écouté? Pratiquée franchement, loyalement, avouée sans fausse honte, résolument, cette institution d'un Journal du gouvernement serait féconde en résultats utiles, aussi bien pour le pays que pour le pouvoir.

DE LA SITUATION ACTUELLE
DE LA PRESSE GOUVERNEMENTALE

A PARIS ET EN PROVINCE.

Il n'y a qu'un mot qui puisse rendre la situation actuelle de la Presse gouvernementale de Paris : c'est un désarroi général. Les journaux qui défendent le plus habituellement le pouvoir ressemblent à des navigateurs qui s'aperçoivent en pleine mer qu'on leur a enlevé leur boussole ; ils s'efforcent de s'orienter, de se mettre dans la bonne voie ; on ne peut leur contester le dévouement, le patriotisme, l'intelligence ; mais ils n'ont ni cette sûreté de coup-d'œil, ni cette fermeté d'appréciation que donne seule la longue étude des problèmes sociaux ou politiques ; il semble qu'ils ne savent où trouver le succès ; ils le cherchent même où il n'est pas, où il ne saurait être pour un journal qui a quelque prétention au rôle de chef de file. Il y a lutte entre eux pour donner les nouvelles les plus hâtives, les plus hasardées, les plus ridicules. Depuis qu'après avoir, sous toutes les formes, longtemps et souvent, affirmé qu'ils n'avaient pas aliéné leur indépendance, ils ont solennellement annoncé qu'ils l'avaient reconquise (sur le pouvoir, sans doute, qui ne paraît pas s'être fait prier beaucoup pour la leur restituer), le pays est aussi embarrassé de savoir ce qu'il doit penser de leur véracité qu'ils le sont de leur *conquête*.

Placés sur un terrain nouveau, ils hésitent, ils tâtonnent, ils le sondent, sans que, jusqu'ici, ils paraissent avoir trouvé le point où ils devront s'appuyer ; une chose les préoccupe, et cela se comprend, c'est de concilier les exigences de leur situation nouvelle avec celles de leur attitude ancienne. Ce dont ils se soucient le moins, c'est d'avoir changé ; ce dont ils se soucient le plus, c'est de ne pas en avoir l'air. A peine leur changement de front a-t-il été annoncé qu'ils ont voulu afficher de faux-semblants d'opposition dévouée ; il fallait bien donner au public des gages de la sincérité de leur profession de foi nouvelle.

Aujourd'hui, la laisse est rompue ; les voilà rendus à la liberté. On a pu croire, un moment, que leur rédaction allait se ressentir de l'enthousiasme qu'inspire toujours la délivrance ; mais point ; ils sont gênés, contraints.

Seront-ils pour le pouvoir ? Oui ; mais il faut bien paraître indépendant.

Seront-ils pour la liberté ? oui ; mais il faut paraître dévoué au pouvoir, dans les bonnes grâces, dans les secrets du pouvoir ; car ils savent bien que la France est foncièrement sympathique au gouvernement impérial, auquel elle est reconnaissante de sa force, de son patriotisme, de la grandeur et de la fierté résolue de sa politique extérieure, de son intelligent amour de la liberté qui consiste à nous en donner assez pour nous en faire désirer davantage et pas assez pour que nous la prenions en dégoût.

Il y a, dans cette situation complexe, mais difficile à maintenir, si on n'a la dextérité nécessaire, de bonnes aubaines à recueillir, mais que ces journaux ne savent s'assurer, faute de pouvoir soutenir un rôle qui exige une rare souplesse d'allures. De si petites mains pour manier la massue d'Hercule ! Au lieu de bien se pénétrer des

principes qui forment la base du gouvernement impérial,
et d'en tirer les conséquences naturelles, bien certains que
ce seront celles qu'en fera découler la politique de l'Empereur, ils s'épuisent dans des préoccupations secondaires,
et se perdent dans la recherche de l'inconnu.

Le gouvernement de l'Empereur est pourtant bien facile à servir quand on en a le ferme vouloir. Aucun n'a été
plus logique dans la déduction des principes qu'il a posés.
Bien comprendre sa politique d'hier et d'aujourd'hui,
c'est prévoir celle de demain. A elle aussi peut s'appliquer
le mot superbe par lequel le premier Consul affirmait la
République française qu'il représentait si bien, et le front
ceint d'une auréole de gloire si éclatante, à la tête de son
armée victorieuse : « Aveugle qui ne la voit pas. »

A l'intérieur comme à l'extérieur, elle se déroule avec
une logique qui ne se dément jamais; ses temps d'arrêt
ne sont qu'apparents ou plutôt ils ne sont que de nouveaux points de départ ; ils indiquent des haltes nécessaires au développement progressif de certaines situations.
Elle ne se contredit pas; elle s'affirme sous une forme
nouvelle.

Je dis qu'il est facile de la servir; je puis dire qu'il y
a de l'honneur à lui prêter son concours.

Mais, pour le faire avec dignité, sûrement, utilement, résolument, que faut-il? Il faut avoir longtemps
réfléchi sur les principaux problèmes de son temps; il faut
avoir acquis, dans une longue pratique du journalisme,
cette science que le premier-venu ne peut posséder par
cela seul qu'il lui plaît de l'avoir; il faut avoir suivi et
étudié tous les évènements; être bien pénétré de l'histoire
de son pays; avoir vu les partis se livrer bataille, avoir été
mêlé à ces luttes, y avoir appris quelque chose parce qu'on

y a souffert. La politique, l'administration, la connaissance des hommes ne s'apprennent pas en un jour. Avant d'enseigner, il faut avoir appris; pour parler à tous et au nom de tous, il faut en avoir reçu mission; et cette mission qui la donne? le sentiment d'un grand devoir à remplir, appuyé sur de fortes et substantielles doctrines.

Ils furent des publicistes les Royer-Collard, les Benjamin Constant, les Carrel, les Fonfrède, les Marrast, les Lamennais, les Girardin, les Bertin, les Sacy, les Genoude, les Thiers; mais à quelles conditions? Par quelles longues et sérieuses études des grandes lois politiques et morales ils ont dû passer, avant d'en arriver à dicter des arrêts, à se poser en juges du gouvernement et de l'administration du pays!

Qui, mieux que l'empereur Napoléon III, sait par quels travaux, quelle longue pratique des hommes il faut passer, avant de parler la langue mâle, exacte, sévère de la politique?

C'est un char difficile à conduire qu'un journal; il y faut de la vigueur, du sang-froid, un coup-d'œil prompt et ferme, de la résolution, de la prudence, beaucoup de raison et de bon sens, une grande loyauté servie par une grande habileté; et, pour réunir toutes ces qualités, il ne suffit d'être ni médecin, ni financier, ni ancien directeur de théâtre, ni ancien professeur ou élève de l'école Normale, ni un littérateur, ni un spéculateur, ni un imprimeur, il faut être, dans toute l'acception du mot, un journaliste, c'est-à-dire, un écrivain rompu à la pratique de devoirs difficiles, et non un personnage, en quelque sorte, déclassé.

Je ne m'explique pas que tant d'hommes éminents qui ont pratiqué le journalisme et doivent comprendre les services qu'on peut attendre d'une bonne Presse, ne voient pas le mal et ne sachent pas trouver le remède. Plusieurs Directeurs de feuilles politiques ont bien recruté leur personnel en province ; mais à qui se sont-ils adressés ? A des journalistes ? Nullement. Je ne conteste pas le talent d'écrivain de ces jeunes recrues ; mais, je le répète, ce ne sont pas des journalistes.

Qu'est devenu, entre les mains de ses nouveaux rédacteurs, un journal célèbre, qui a joué pendant longtemps un rôle presque historique ? Une feuille finement, spirituellement écrite, comme une leçon de littérature, visant à la malice, décochant le trait avec grâce, provoquant le sourire par un persifflage de bon ton, mais qui n'a plus ni la gravité, ni la solidité du journal. Aujourd'hui, un rédacteur y écrit que tout est perdu ou à peu près ; demain, un autre y dira que tout est sauvé. On y a vu des articles pour et contre la liberté commerciale, pour et contre la politique française en Italie, pour et contre notre situation financière ; articles pessimistes, articles optimistes, selon le côté d'où vient le vent. On sent que la main des journalistes s'est retirée de cette feuille, qui est devenue la proie des beaux esprits.

N'avons-nous pas vu, dernièrement, un autre journal, faisant la critique d'une mesure décrétée deux années auparavant et applaudie par lui, mais révoquée depuis, dire sans malice, sans se douter même qu'il servait bien mal sa nouvelle cause, que ce qu'il avait approuvé jusque-là était *peu moral, peu fondé en droit, peu fondé en justice, vexatoire, même maladroit, constituait un abus de pouvoir local.* Et à l'aide de quels arguments tout cela était démontré !

Un autre n'a pas hésité à exprimer les mêmes idées, dans un meilleur langage peut-être, mais sans essayer de déguiser la versatilité de ses opinions, sans tenter d'échapperà la critique de ses adversaires par une prudente et habile retraite.

N'en avons-nous pas vu un donner ingénûment à entendre que les actes du 14 novembre n'étaient que des actes de contrition. Très certainement, il n'a pas cru imprimer une maladroite naïveté qu'il ne dépendait pas de lui, heureusement, de rendre compromettante ; mais quelle excellente occasion il a fournie aux ennemis du gouvernement impérial, de ridiculiser les *officieux,* les *intimes,* les *thuriféraires*, d'épuiser le répertoire des spirituelles invectives, à l'usage des Tacites de la presse d'opposition, grands moralistes, à l'indignation aussi facile que la phrase , comme chacun sait, charlatans de liberté qui pensent faire oublier leur propre histoire, parce qu'ils la couvrent d'un voile, incapables de juger sainement des événements qu'ils ne peuvent comprendre, une politique qui déroute leur vieille scolastique, et ne sauraient admettre qu'un écrivain puisse croire qu'il sert loyalement son pays, quand il défend un gouvernement qui n'est pas celui de leurs préférences , refusant ainsi toute conviction à qui ne partage pas leurs aveugles fureurs.

, Ce sont des déconvenues auxquelles un journal qui a, ou passe pour avoir des relations avec le pouvoir , ne devrait pas s'exposer.

Le même journal, croyant ressaisir d'une main la vogue qu'il perdait de l'autre, en se proclamant indépendan (mot que le public a immédiatement traduit par celui-ci : le gouvernement ne veut plus de mes services), a cru habile d'ouvrir une enquête sur les accidents de chemins de fer. Quelle enquête ! Comme cette avance grossière à la popularité a été bafouée ! Puis, c'est la législation sur la

Presse qu'ils ont trouvée défectueuse. Après s'être livré combat sur des questions de politique extérieure, tout en se faisant la leçon, ils sont tombés d'accord sur celle-là. Nouvelle occasion de critique méritée fournie aux journaux hostiles ! « Pourquoi avez-vous jusqu'ici gardé le silence? » D'où vous vient ce tardif scrupule? Quels sont donc les » mobiles qui vous font parler? Quels vous décident au si-» lence? Où sont vos principes? A propos des mêmes faits, » vous êtes satisfaits aujourd'hui, mécontents ou grondeurs » demain. Ou vous n'êtes pas sérieux, ou vous n'êtes pas » honnêtes : choisissez »

Ils ne choisissent pas ; mais le public les juge, et le discrédit de l'opinion accueille ces écarts d'é-crivains étourdis, entre les mains desquels la plume se transforme en projectiles qui cassent toutes les vitres. C'est à celui qui adressera le plus haut à l'autre le repro-che de maladresse; c'est aussi à celui qui réussira le mieux à le mériter. Spectacle puéril ! Ils ont usé de leur liberté reconquise, non pour mieux servir le pouvoir, non pour aborder, au point de vue des nécessités gouvernemen-tales, les hautes questions de politique et d'économie sociale qu'aucun journal vraiment à la hauteur de sa mis-sion ne devrait négliger; mais pour s'entredéchirer. Et comme, après avoir été répudiés, après s'être réjoui même de la rupture, quelques-uns ont persisté à vouloir faire croire, grâce à des formules habilement agencées, qu'ils continuaient à échanger avec l'autorité des demi-confidences, qu'il pouvait y avoir, entre elle et eux, froideur mais non divorce, que l'inspiration gouvernementale ne leur tenait pas absolument rigueur; les autres, pour lesquels la partie n'était plus égale, ont imité cette petite stratégie sans dignité, ou, désespérant d'y réussir, l'ont dévoilée avec cette acrimonie jalouse, qui atteste plus de véhémence dans la passion qu'un sincère désir de remettre chacun dans la vérité de sa situation et de son rôle.

Le public, qui assiste à ces scènes de pugilat peu littéraire, s'y intéresse tant que dure la lutte; puis, l'émotion du combat apaisée, il retombe dans le calme-plat d'un insurmontable dégoût.

Si j'examine la situation de la Presse de province, c'est pire encore.

Entre les mains de qui est-elle? De qui dépend-t-elle? D'industriels, de spéculateurs, d'imprimeurs. Le propriétaire d'un journal de province est le plus souvent un trafiquant, qui ne voit dans son journal qu'une affaire, une machine à produits; ne lui demandez ni principes politiques, ni science économique; il n'a quelquefois même pas l'instruction première. L'imprimeur est, le plus souvent, et c'est même le cas le plus désirable, un ancien ouvrier typographe, arrivé à la position qu'il occupe, à force d'ordre, d'économie, de travail; il peut être intelligent, capable pour la conduite de ses propres affaires, mais homme politique, point, ou plutôt c'est un politique doublé d'industriel; seulement, la doublure emporte l'étoffe. Et puis, n'a-t-il pas des ménagements à garder, des amis à pousser, une clientèle à conserver et à étendre; enfin des intérêts propres à sauvegarder? Le journaliste, au contraire, n'a qu'un devoir à remplir : c'est de soutenir la politique du Pouvoir. Mais à travers de quelles difficultés il lui faut se mouvoir! S'il ne se plie pas aux petites roueries du propriétaire du journal, s'il ne se prête pas aux capitulations d'opinion, alors surgit une guerre sourde, des dissentiments, des rapports difficiles, jusqu'au jour où, de guerre lasse, il sera obligé de quitter la place. Pourquoi? Parce qu'il dépend exclusivement d'un spéculateur.

L'imprimeur, propriétaire d'un journal, ne voit, ne comprend qu'une chose : lui faire rapporter le plus possible, en abonnements et en annonces; tous ses principes sont là, toute sa politique, tout son programme, toute sa science, tous ses devoirs sont dans sa caisse, y compris souvent sa conscience.

Trop peu éclairé pour avoir des principes, ou, s'il en a, peu soucieux de les mettre d'accord avec ses actes, il pèse de tout le poids d'un homme qui mesure sa valeur morale à celle de son capital, sur la pensée de son rédacteur; propriétaire du journal, il croit, de bonne foi, l'être aussi du journaliste, s'étonne et s'irrite des résistances de son esprit ou de sa conscience, et ne comprend pas qu'un serviteur, car il est son serviteur, puisqu'il* le paye, ait même la velléité de le contredire.

De telle sorte qu'il arrive souvent, par une cruelle ironie de la destinée, que cet esclave d'une volonté que l'intérêt seul gouverne, sera obligé de chanter des hymnes *à la liberté!* Ne faut-il pas se ménager une popularité, en se donnant des airs de *critiquer le pouvoir?* On s'amuse à ce jeu, en province.

Une fois par an, dans les bureaux du ministère ou dans le cabinet du préfet, l'éditeur du journal est animé d'un dévouement ardent et sans réserve; c'est lorsque le moment est venu de répartir les annonces judiciaires dont il sollicite le privilége, en retour de ses bons services. Mais, à peine rentré dans son atelier, et redevenu l'homme de tout le monde, les considérations d'intérêt personnel l'assiègent; il a obtenu un bienfait du pouvoir; il lui reste à veiller à ce que son journal manœuvre de façon que la possession des annonces ne nuise en rien à ses autres recettes, et son dévouement, tout à l'heure sans réserve, se transforme aussitôt en un concours cauteleux, mesuré, contenu dans les justes limites de ce qu'il ne saurait refuser sans démasquer l'industriel et risquer de tout perdre dans l'avenir. Alors, aux protestations de franche adhésion prodiguées au rédacteur, succèdent des querelles, non sur la ligne politique, il n'oserait, mais sur des questions secondaires, des questions locales, luttes intestines qui absorbent le temps du rédacteur, lassent sa patience, le découragent. Pourquoi ? C'est que rien ne le soutient, aucune voix ne lui dit : « Je veille. L'Etat a » en vous un bon serviteur; il ne vous oubliera pas, il » vous récompensera. »

Au lieu d'un seul propriétaire, supposez des actionnaires; c'est un désaccord général ; chacun tire, de son côté, la barque qui n'avance pas, et chacun, bien entendu, s'en prend au pilote. Sollicité par ceux-ci, tiraillé par ceux-là, le journaliste renonce à sa plume, à moins qu'il ne se plaise à se voir ainsi indéfiniment écartelé.

Placés dans des conditions pareilles, comment les rédacteurs de province peuvent-ils conserver leur netteté de pensée, leur rectitude de jugement, et, disons-le, cette droiture de conscience, qui fait le bon écrivain et l'honnête homme ? C'est ce qui explique pourquoi tant d'écrivains, car il faut dire la vérité, convaincus qu'ils n'ont rien à espérer, que leur intérêt est de céder à la pression incessante de l'imprimeur, finissent par n'avoir plus ni consistance, ni convictions, ni talent; pourquoi, aussi, tant de rédacteurs de la Presse de province sont au-dessous de leur mission. C'est qu'à des propriétaires de journaux de cette trempe, il faut des rédacteurs d'autant plus souples,

qu'ils auront moins d'idées, moins de talent, des rédacteurs qui ne connaissent que l'esprit de la maison, que
les intérêts de leur patron, aussi peu soucieux du gouvernement qui compte pourtant sur eux, que de leur
propre langue.

J'ai connu un journal de province, dont le propriétaire,
en fait d'opinions, n'en professait qu'une : c'était d'être
mécontent de tout et de tout le monde. Le rédacteur était
napoléonien par principes, par conviction; les abonnés,
napoléoniens, républicains, libéraux, légitimistes, orléa-
nistes, indifférents. En tant que propriétaire du journal,
l'éditeur s'appliquait à tirer de l'affaire le plus de bénéfices possibles; il était, par exemple, âpre à la curée des annonces judiciaires; mais il eut voulu pouvoir risquer de
temps en temps de petites escarmouches d'opposition ; cela
eut réjoui les quatre cinquièmes des abonnés ; et puis, quelle
satisfaction de vexer le pouvoir! Le rédacteur résistait et il
fut obligé de quitter son poste. C'est sur cette mer semée
d'écueils que l'infortuné journaliste de province doit
naviguer. Grands sont ses tourments; nombreux sont ses
déboires! Pourquoi? Parce qu'il est à la discrétion
d'un industriel, préoccupé de ses seuls intérêts, et sans
principes, sans idées politiques.

Il fut un temps où la Presse joua un beau rôle : c'est à
l'époque des guerres de Crimée et d'Italie. Pour mon
compte, je m'enorgueillirai toujours d'avoir servi alors
mon pays, la politique du gouvernement impérial, dans les
rangs du journalisme, comme d'avoir payé, pour ma part,
l'affranchissement de la grande patrie italienne par le dou-
loureux sacrifice de la vie d'un des miens, blessure glo-
rieuse, mais qui saignera éternellement au cœur de ma famille en deuil. C'était une belle armée d'avant-garde,

que cette Presse de Paris et de province, faisant pressentir les résolutions de l'Empereur, y préparant le pays, les lui faisant comprendre, soutenant le patriotisme des citoyens, le poussant aux efforts sublimes, s'adressant à la fois aux intelligences et aux cœurs.

Il y eut alors, véritablement, une Presse gouvernementale. Combien puissant et efficace a été son concours! Le pays était déshabitué de ces magnifiques élans d'une politique généreuse qui met les principes au-dessus des intérêts, et commande le silence à tous les égoïsmes, quand elle vole à la défense des *causes justes.*

Par les services que rendit alors la Presse gouvernementale, disciplinée, en quelque sorte, par le patriotisme, par le sentiment de communs dangers et d'une commune gloire, on peut juger de ceux qu'elle pourra rendre, non-seulement à un moment donné, mais à chaque instant et toujours, quand elle sera pénétrée de l'importance de sa mission et de la grandeur de ses devoirs.

Je sais qu'on ne manquera pas d'objecter que l'expérience de journaux officieux a déjà été faite et qu'elle a trop peu réussi pour qu'on soit tenté de la recommencer.

Mais, je réponds :

L'expérience a été faite dans des conditions où elle devait nécessairement échouer et qui ne sont pas celles que je propose.

Il y a eu des journaux officieux; mais il n'y a pas eu de *feuilles gouvernementales*; car il ne faut pas confondre.

Une feuille officieuse, tant que cela lui plaît, et comme cela lui plaît, se met au service du pouvoir. Je comprends les immenses, les nombreux inconvénients d'une situation pareille, et je m'explique que le gouvernement ait voulu secouer ce joug; je m'étonne même qu'il l'ait subi si longtemps. Mais je ne propose pas, dans le nouvel ordre d'idées où je me place ici, de recommencer l'expérience des feuilles officieuses ; je ne propose même pas de créer, à Paris, des *feuilles gouvernementales* ; pour être moindres les inconvénients seraient encore trop grands. Je voudrais que le gouvernement eut un journal de doctrines, abordant toutes les questions actuelles où à venir. La direction en serait facile, car elle refléterait uniquement la pensée de l'administration. Pas de tiraillements, pas de contradictions, pas de luttes d'influence, pas de rivalité dans l'obséquiosité ou le désir de plaire à ce ministre plutôt qu'à celui-là ; par conséquent, pas d'excès de zèle, pas de discussions compromettantes, rien de hasardé. Le journal dont je parle serait, je le répète, la parole de l'Etat, en face de l'opinion publique, son organe ; il se tairait ou parlerait, selon qu'il serait opportun, dans la mesure jugée bonne et convenable, exposerait les véritables doctrines, défendrait les seuls principes rationnels sur lesquels est assis le gouvernement des sociétés, ne s'adresserait qu'au bon sens des masses. Ce serait, en un mot, *un moyen de gouvernement*. En effet, ce journal gouvernerait les esprits, les idées, et prêterait un utile concours au Pouvoir, en préparant le pays à accepter ses actes, en les lui expliquant et les lui faisant comprendre avec le calme de la sagesse et l'autorité de la raison. Le gouvernement serait alors véritablement représenté, en face de l'opinion publique. Dans l'état de choses qui vient de finir, avec les journaux officieux et le *Moniteur*, journal muet, il ne l'était pas exactement ; car il l'était trop d'un côté, et pas assez de l'autre.

Les partis ont tous des journaux pour se défendre ; un

seul parti est souvent même représenté par plusieurs
feuilles politiques. Le gouvernement ne se défend que par
ses actes, et chacun sait combien il est rare que ses actes
soient bien compris, sainement, justement appréciés. La
Presse d'opposition est intéressée à entretenir ce préjugé
qu'un journal ne saurait honorablement défendre le Pouvoir. Pourquoi le Pouvoir ne dirait-il pas nettement, résolument : « La Presse est le bien de tous; chacun parle et
» se défend par elle, comme il l'entend. Eh bien! ce qui
» n'a été jusqu'ici qu'une arme de mensonge entre les mains
» des partis sera entre les miennes un instrument de con-
» servation par le progrès, de force par la vérité, de liberté
» par l'ordre, de civilisation par la propagation de toutes
» les idées saines et justes. »

Je ne me dissimule pas qu'il faudra n'employer à la
rédaction du Journal du gouvernement que des rédacteurs
prudents, honorables, intelligents, dévoués, à l'esprit élevé,
aux connaissances étendues et solides; mais ces qualités
doivent se trouver à tous les degrés de la hiérachie des
fonctionnaires publics. Que de mal ne peuvent pas faire
un diplomate, un préfet, un général, par leurs écrits, leurs
paroles, leurs actes! Il n'y a qu'à choisir un bon ambassa-
deur, un bon préfet, un bon général. Or, je crois que l'organisation que je conseille ne peut que donner de bons
journalistes.

AMÉDÉE MATAGRIN,

Rédacteur en chef du *Périgord.*

PÉRIGUEUX. — IMPRIMERIE D'AUGUSTE BOUCHARIE, RUE AUBERGERIE, 17.